LA LANTERNE ELECTORALE
Par E. A. SPOLL
Dessins et Legendes par
GILBERT MARTIN
50 cent.es
POITRINE éditeur Passage Verdeau 25.

LA LANTERNE

ÉLECTORALE

Texte par E.-A. SPOLL

Dessins et Légendes par GILBERT MARTIN.

— O peuple de travailleurs ! peuple déshé-rité, vexé, proscrit ! peuple qu'on empri-sonne, qu'on juge et qu'on tue ! peuple flétri ! Ne cesseras-tu de prêter l'oreille à ces orateurs de mysticisme qui, au lieu de solli-citer ton initiative, te parlent sans cesse du Ciel et de l'État, promettant le salut tantôt par la religion, tantôt par le gouvernement, et dont la parole véhémente et sonore te captive ?.., (PROUDHON. *Contradictions économi-ques*).

Il serait pourtant temps, comme dit la chanson, de di-riger un clair rayon de notre indépendante lanterne sur quelques-uns de ces soi-disant hommes politiques dont le métier est de faire de l'opposition à tous les gouvernements, sauf à se rallier à tous les gouvernements.

Après douze années d'une abstention toute métaphysi-que ; après avoir avec éclat refusé le serment en 1852, ces Jérômes Paturots de la politique se sont dit qu'après tout ils en avaient prêté bien d'autres, et qu'un serment de plus ou de moins ne devait pas les arrêter, lorsqu'il s'agis-sait pour eux de continuer à faire le bonheur de leur pays.

Or, il y a bientôt cinq ans que les nouveaux convertis s'obstinent à nous rendre heureux moyennant la bagatelle de 12,500 francs par an. Sur le point de renouveler notre bail, examinons bien, mes chers co-électeurs, si chacun d'eux peut nous donner pour 62,500 francs de la félicité la plus pure.

Braquons donc l'objectif de notre lanterne sur ce groupe multicolore formé de tant d'opinions diverses, qui se rencontrent sur le terrain neutre de l'*opposition légale* et de l'émargement.

Cette opération terminée, nous nous demanderons si, à côté des incorrigibles partisans du droit divin, des *habiles* du dernier régime et des incapables de 1848, il n'y aurait pas place pour les hommes des générations suivantes qui portent le poids des fautes de leurs devanciers, fautes qu'ils n'ont point commises, et dont il leur faut pourtant se repentir.

M. MARIE

Député de l'opposition sous Louis-Philippe, c'est M. Marie qui déclara le premier illégale la régence proposée le 24 février, et proposa la nomination du gouvernement provisoire dont il devait être un des plus beaux ornements.

Chargé du ministère des travaux publics, c'est à M. Marie que revient l'insigne honneur d'avoir *organisé* les ateliers nationaux.

Le bonheur est dans l'inconstance, c'est du moins l'avis de M. Marie, qui se montra l'un des membres les plus réactionnaires de la Commission exécutive, et qui, après avoir défendu les accusés de juin 1832, se montra partisan de la répression la plus illégale et la plus sévère lors des événements de 1848 qu'il avait contribué à provoquer.

Le 15 juillet suivant, M. Marie recevait, — grâce à son zèle sans doute, — le portefeuille de la justice des mains du général Cavaignac.

C'est comme ministre de ce département qu'il présenta et défendit les lois restrictives de la presse, lois dictatoriales et d'exception, dont nous subissons encore aujourd'hui l'effet.

A la Constituante, renonçant, suivant ses propres paroles, à des idées plus chevaleresques que réelles, M. Marie

MARIE.

Se repose sur son passé.

appuie les demandes de poursuites contre Louis Blanc et Caussidière, et vote, avec le camp des satisfaits, contre l'abolition de la peine de mort, contre l'impôt progressif et contre ce même droit au travail qu'il avait garanti comme membre du gouvernement provisoire.

Enfin il approuve la première expédition romaine.

On se demande, en vérité, ce que des gens si bien faits pour les bas-fonds de la plaine viennent faire dans les rangs de l'opposition.

N'ayant pas été réélu à l'Assemblée législative, M. Marie s'est prudemment tenu à l'écart lors du coup d'État. Il a repris sa place au barreau de Paris, où il a consacré les restes d'une voix qui se meurt et d'une ardeur qui s'éteint à plaider des affaires de finance. C'est ainsi que, dernièrement encore, il entreprenait de défendre les intérêts des accapareurs d'obligations mexicaines.

Il ne faut pas oublier que M. Marie, qui a prêté serment en 1863, est l'auteur d'une consultation contre le serment politique.

M. GARNIER PAGÈS

L'ex-burgrave du *National*, cette pépinière des hommes de 48, l'ex-membre du gouvernement provisoire, l'ex-ministre des finances de la République, M. Garnier Pagès, dit la Tête-de-Bois, pour le distinguer de son frère, publie, comme ballon d'essai, une édition populaire de son *Histoire de la Révolution de 1848*.

Cette publication est, pour ainsi dire, l'avant-garde de ces réunions de famille où Mme Garnier Pagès distribue avec grâce des petits gâteaux et des tasses de thé aux électeurs ouvriers de la circonscription, tandis que le Caton de la rue Saint-Roch répand sur eux les torrents de son éloquence.

Qu'en sa qualité d'ancien gouvernant, M. Garnier Pagès fasse l'apologie de ses actes, rien de plus naturel. Aussi le voyons-nous sans la moindre stupéfaction, mais admirant

GARNIER PAGÈS.

Une de ces bonnes têtes si chères aux marchands de cannes
et de parapluies.

son candide aplomb, défendre *unguibus et rostro*, ce fameux impôt des 45 centimes, qui porta, comme chacun sait, le coup mortel à la République.

Non-seulement le défendre, mais s'en faire un titre de gloire et chercher à prouver le plus sérieusement du monde qu'à l'aide de cet impôt, qui ne pesa, du reste, que sur les petites bourses, il fit face à toutes les dépenses imprévues, même à la fusillade et à la transportation des travailleurs des ateliers nationaux.

En vérité, c'était pour rien ; et M. Garnier Pagès apporta, nous voulons le croire, dans le maniement des affaires publiques, cette économie bien entendue à laquelle il doit sa grande fortune. Le malheur est que les finances de la République ne s'en sont pas si bien trouvées que ses finances personnelles.

M. Garnier Pagès termine prudemment son *Histoire* au mois de mai. Il est fâcheux, pour l'*éducation historique des misses*, que le narrateur n'ait point entrepris le récit des événements de juin et des causes qui les ont amenés.

Nul doute que le consciencieux historien ne nous eût expliqué comment ces républicains *modérés*, desquels il s'honore de faire partie, après avoir provoqué le peuple à la révolte, se montrèrent si peu *modérés* dans la répression ; nul doute qu'il ne se fût peint lui-même montant à la tribune, et s'écriant :

« *Il faut* EN FINIR *avec les agitateurs !* »

On me rapporte à ce propos une anecdote toute de circonstance.

On donnait au citoyen Garnier Pagès, dans une de ces réunions dont j'ai parlé plus haut, sa part de responsabilité dans les événements de juin :

« Erreur, erreur, mes amis, répondit le député de la Seine, j'étais fort malade en ce moment, je crachais le sang. Ah! si j'avais été debout, l'insurrection n'eut pas eu lieu. »

Puisqu'il en est ainsi, je dénonce, à l'ex-membre de la commission exécutive, une atroce calomnie du *Moniteur*. La feuille officielle lui fait prononcer deux longs discours pendant cette insurrection où, vaincu par la maladie, il gisait sur un lit de douleurs.

Et maintenant, électeurs, si vous voulez savoir comment on fait tirer au peuple les marrons du feu et comment s'escamotent les révolutions, si vous savez enfin lire entre les lignes, achetez l'*Histoire de la Révolution de* 1848, par le citoyen Garnier Pagès.

M. JULES FAVRE

Ancien directeur politique du *Mouvement*, avec M. Anselme Petetin — alors républicain, — M. Jules Favre devint un des familiers de la *Réforme*, et se trouva tout porté, en février 1848, pour assister M. Ledru-Rollin au ministère de l'intérieur, comme secrétaire général.

Il y collabora avec George Sand, qui délaissait alors le roman, à ces fameux bulletins de la République, qui firent si peur aux bonnes gens, et dont quelques-uns semblaient renouveler ce mot connu : « Sois mon frère ou je te tue. »

Nommé rapporteur de la commission chargée d'examiner la demande en autorisation de poursuites faites contre Louis Blanc, par M. Portalis, il soutint avec un étrange acharnement et des arguments de procureur les conclusions de la commission.

Au souvenir de certain passage de l'*Histoire de dix ans,* dans lequel l'auteur qualifie sévèrement la conduite de M. Jules Favre lors du procès des accusés d'avril, on se demande si le rapporteur n'obéit point à une rancune personnelle.

Presque à la même époque, il vote les lois répressives contre les clubs et les attroupements, repousse la diminution des heures de travail et l'impôt du sel, et défend enfin la loi qui rétablit le cautionnement des journaux.

On n'est pas plus démocrate, on n'est pas plus républicain.

JULES FAVRE.

Quoique dans la force de l'âge, songe déjà à faire
une bonne fin.

Lors des événements de juin, M. Jules Favre fit partie de la Commission saisie du projet de loi sur la déportation des insurgés. Il eut l'honneur d'y siéger à côté de MM. Billaut, Baroche et Rouher, ses collègues.

On sait que le projet de décret proposé par cette commission n'avait de son propre aveu rien de légal : « Il fallait, dit le rapport, *faire taire la légalité et venger la patrie.* » Il fut combattu par le général Cavaignac lui-même. En effet, il rétablissait virtuellement la peine de mort en matières politiques, et envoyait mourir par delà les mers des milliers d'hommes coupables d'avoir réclamé ce qu'on leur avait promis, le prix de quatre mois de misères.

Mais passons.

Lors de l'élection du 10 décembre, M. Jules Favre s'empresse de voter pour l'augmentation du traitement présidentiel et pour le crédit de douze millions affectés à cette expédition qui allait anéantir le République romaine, au nom de la République française.

Après avoir refusé le serment en 1852, le tribun moderne, comme on l'appelle souvent, ne fit aucune difficulté de le prêter en 1857.

Tout récemment encore, il allait offrir au chef de l'État son discours de réception, sous le poids duquel il pense écraser les matérialistes.

En effet, M. Jules Favre est un fervent catholique. Il croit et pratique. C'est pour cela, sans doute, qu'il a défendu les vertus miraculeuses de l'eau de la Salette, dans un plaidoyer qui ne figure point dans ses œuvres.

M. Veuillot ne lui en a su cependant aucun gré ! O ingratitude !

M. JULES SIMON

Cet honorable député, ancien suppléant de M. Victor Cousin, était professeur à la faculté des lettres, au moment où éclata la Révolution de février.

JULES SIMON.

Au profit de la classe ouvrière.

Décoré vers le mois de juin 1848, M. Jules Simon devint représentant du peuple pour les Côtes-du-Nord.

Voici ce que disait alors de lui un de ses biographes :

» Ce satellite obscur d'un astre très-nébuleux, — M. Cousin, — est un homme de petite taille, de petites manières, de petit esprit ; sa réputation ne dépassait pas naguère l'enceinte de la Sorbonne, où il grignottait de son mieux les quelques bribes du budget que lui abandonnait son chef de file. Il doit son élection à la bienveillance de M. Glais-Bizoin, qui l'a patroné dans son département. Puisse M. Glais-Bizoin n'avoir pas bientôt à dire de son protégé ce que Napoléon disait de Bourmont :

« Cet homme est une de mes erreurs. »

Professeur de philosophie au collége de France, il donna sa démission en 1852, pour refus de serment, et commença à prendre une certaine importance politique en prêchant l'abstension, ce qui lui valut la sympathie des orléanistes et l'amitié du colonel Charras.

M. Jules Simon a même écrit un livre, *le Devoir*, pour exposer ses théories sur le refus de serment et l'abstention politique.

Lors des élections de 1863, l'auteur du *Devoir* se prononça très-vivement chez M. Carnot, contre la réélection des *cinq*, et contre le comité électoral dont il allait cependant devenir le candidat.

En effet, quelques jours après, à la suite d'une lettre très-positive, écrite au colonel Charras, et dans laquelle il flétrit de haut les prêteurs de serments, on apprend avec stupéfaction que M. Jules Simon se présente à la députation.

Cette brusque volte-face le brouille avec Charras et resserre son alliance avec les orléanistes.

M. Jules Simon est depuis devenu socialiste, mais un socialiste des salons, à l'eau de rose, qui s'est fait l'écho des préjugés bourgeois contre la liberté des coalitions, et qui imprime souvent que la misère est un mal nécessaire, — sans elle, nous n'aurions pas la douce charité, — et autres guitares, qui donnent une idée de la science économique du député de la Seine.

« Oncques ne s'est fâché, dit M. Sarcey qu'avec ceux qui n'avaient point de crédit, et jamais ne le vit-on faire une action mauvaise ou bonne qui lui fut peu utile... Il s'est fait la réputation d'un pur qui ne dévie pas de sa ligne, et jamais réputation ne fut plus juste, car il n'a d'autre ligne que son intérêt. »

M. Jules Simon croît aujourd'hui représenter la *politique radicale*, c'est ce qui indique le titre des discours fort anodins qu'il vient de réunir en volume et qui semblent plutôt ceux d'un aspirant au ministère, que ceux d'un tribun du peuple.

Esprit médiocre, très-sensible à l'éloge comme au blâme, on pourrait appliquer à M. Jules Simon ce mot de Condorcet sur Necker :

« Quel grand mal y aurait-il qu'un faiseur de phrases se crut un grand homme dans sa coterie ? »

M. GLAIS-BIZOIN.

« Le Siècle commençait quand ce diable naquit,
« Et des us de la Chambre, aussitôt il s'enquit. »

Voici comment on portraicturait déjà sous Louis Philippe le pétulant député des Côtes-du-Nord, que de mémoire d'homme on a toujours vu légiférer.

« M. Glais-Bizoin a une petite mine de furet, qui caractérise assez bien son attitude à la Chambre. Les allées et venues perpétuelles d'un endroit à l'autre, son lorgnon toujours en activité, ses oreilles à l'écoute, sa voix prête à interrompre les orateurs ministériels, tout cela fait de M. Glais-Bizoin le député le plus remuant de la Chambre. »

L'esquisse, à vingt années de distance, est encore ressemblante.

Le représentant des Côtes-du-Nord est en effet l'homme des interruptions qui portent coup, et font bondir M. Rouher. Il a conservé toute la verdeur de sa prime jeunesse.

GLAIS-BIZOIN.

Manque peut-être un peu de cette grâce polie, de cette discrétion,
de ce vernis, qui, en politique, e'c.

et montre autant d'esprit et d'expérience que de *vrai courage*
dans des discours qu'on n'entend pas.

Car hélas ! il faut l'avouer, M. Glais-Bizoin est doué du
plus destestable organe, et c'est dans le *Moniteur* que la
plupart de ses collègues prennent connaissance de ses discours. C'est sans doute pour cette raison que M. Glais-
Bizoin a voulu avoir une *Tribune* à lui. Un mot caractérise
la vie politique du député des Côtes-du-Nord : « C'est
l'opposition faite homme. »

<hr>

THIERS

On n'attend pas de nous une étude sur ce parangon de
toutes les palinodies et de toutes les contradictions, sur ce
voltairien défenseur du pouvoir temporel et familier de
M. Dupanloup, sur l'admirateur fervent du premier
Napoléon et l'adversaire de son successeur, sur ce finan-
cier retors si piètre économiste, sur ce libéral de 1830, qui fit
les lois de septembre, sur ce partisan d'une sage économie,
qui nous a doté des fortifications de Paris, sur ce sceptique
politique enfin, à qui tous les gouvernements sont bons,
pourvu qu'ils l'emploient.

M. Thiers n'a jamais eu, il faut bien le reconnaître, une
politique suivie, et c'est à lui qu'à bon droit M. Guéroult
pourrait reprocher de manquer de *ligne*. Sous le dernier
règne, en effet, on l'a vu, non pas suivre le gouvernement
ou l'opposition suivant qu'ils se rapprochaient de ses idées,
mais tourner à tous les vents et suivre tous les courants
qui le portaient à la présidence du conseil, point fixe vers
lequel fut toujours braqué son objectif.

Doué d'une extraordinaire activité, d'une grande facilité
d'élocution, le Machiavel marseillais n'est point, à propre-
ment parler, un grand orateur ; c'est à ce point de vue une
réputation surfaite, de même que sa réputation d'économiste.

Orateur loquace et superficiel, doué d'une facilité déplo-

THIERS.

Très-fort sur la danse, mais se croit encore aux beaux jours
du menuet et de la gavotte.

rable, M. Thiers occupe la tribune des heures entières, fatigue, assourdit, éblouit ses auditeurs sans se lasser lui-même, avec la faconde d'un charlatan et la volubilité d'une femme. Il embrouille à volonté les questions les plus simples les noie dans la fluidité confuse de son langage, et finit par rire le premier de la naïveté de ceux qui l'écoutent.

C'est ainsi que dans sa fameuse discussion avec Proudhon, sur la propriété, M. Thiers força son adversaire au silence; puis, lorsqu'il publia son discours, il se trouva que c'était un ramassis de sophismes et de niaiseries indignes d'un économiste sérieux. Il encombre aujourd'hui les quais.

Parmi les titres de M. Thiers à la reconnaissance de la postérité, il faut citer les massacres de la rue Transnonain, la confiscation des presses de la *Tribune* et l'arrestation de ses rédacteurs, la captivité d'Armand Carrel, lors de l'affaire Fieschi, qu'il n'avait pas su prévenir, la note du 8 octobre 1840... J'allais oublier le retour des cendres.

M. HAVIN

Juge-de-paix à Saint-Lô, lorsqu'il fut nommé député sous le dernier règne, le magistrat bas-normand a marché depuis sur des lis et des roses dans le chemin de la politique. C'est un homme heureux et qui pourtant ne manque pas de chemises.

Placé à la tête d'un journal très-lu par la clientèle ordinaire des débitants de boissons, M. Léonor Havin est un des grands lamas de cette démocratie autorisée dont la benoîte opposition ne déplaît point trop et remplit la caisse.

L'air satisfait et grotesquement digne, le directeur politique du *Siècle*, l'homme des panacées semble rêver un ministère des *mastroquets* qui lui permette d'utiliser sa Revalescière politique et ses dérivatifs sociaux.

Bon homme au fond, M. Havin n'est, je crois, pris au sérieux par personne. C'est une incapacité méconnue, et toujours il s'est trouvé inférieur aux situations où le hasard

HAVIN (a refusé son autorisation).

Espère sauver la démocratie par une médication énergique.

le plaçait et auxquelles souvent il avait inconsciemment
contribué.

C'est ainsi qu'après avoir pris part à la campagne des
banquets réformistes, nous le voyons, au 24 février, aller
revoir sa Normandie bien avant l'époque des foins.

A quoi bon nous étendre sur cette personnalité plus
prétentieuse que véritablement importante. Laissons à
M. Havin cette conviction, — la seule qu'il ait peut-être,
— qu'il est le plus grand démocrate de nos jours, et con-
tentons-nous de reproduire la circulaire suivante, utile à
rééditer de temps à autre, pour rappeler au député de la
Manche qu'il est poussière et que poussière il redeviendra.

A Messieurs les électeurs du canton de Torigni-sur-Vire.

Messieurs.

Je remercie M. Duval-Duperron de me fournir l'occasion de
démentir publiquement les calomnies qui sont colportées, depuis
quinze jours, dans le canton de Torigni, et de déjouer d'odieuses
manœuvres.

Lorsque le décret des 45 centimes a été publié, j'étais, vous le
savez, à Saint-Lô; j'administrais le département de la Manche.
Dans des lettres qui ont été conservées au ministère des finances, mon regrettable ami, N. Vieillard (1) et moi nous taisions au
gouvernement provisoire les observations les plus vives contre
cette mesure aussi impolitique qu'inopportune. Quant à la dé-
fense de l'ordre, c'était, revêtu de l'écharpe de représentant,
que je combattais, au péril de ma vie l'insurrection, comme je
combats aujourd'hui, *sans danger,* tous les ennemis de la Révolution française.

J'ai un avantage sur M. Duval-Duperron. S'il a été neuf ans
notre représentant au conseil-général, je l'ai été *vingt ans,* et je
crois avoir rendu plus de services que lui.

M. le ministre de l'intérieur m'a offert spontanément de m'ap-
puyer à Torigni.

L'EMPEREUR a bien voulu me faire écrire par son secrétaire,
M. Mocquard, qu'il voyait *avec plaisir* ma candidature et *qu'il
avait apprécié, lors de la guerre de Crimée et depuis le com-
mencement de la guerre d'Italie, mon loyal et patriotique con-
cours;* enfin M. le préfet a recommandé à MM. les maires de se
montrer *bienveillants* pour ma candidature. Toutes ces marques
d'estime m'ont d'autant plus touché que je ne les ai pas sollicitées.

C'est à vous maintenant, Messieurs, à vous prononcer, à choi-
sir entre M. Duperron et moi.

Quelle que soit votre décision, croyez à mon très-affectueux
dévouement.

L. HAVIN.

Torigni, 16 juin 1861.

(1) Sénateur.

GUÉROULT.

A failli perdre un instant cette large sérénité qui fait notre joie.

M. ADOLPHE GUÉROULT

Il est fort embarrassant de parler de M. Guéroult.

Le grand prêtre de la *démocratie impérialiste* — le mot est de lui — l'hôte du Palais-Royal, l'ex-élève d'Enfantin, a un faible pour les procès en diffamation; il est fort chatouilleux, et l'on ne peut, même de loin, faire allusion à l'affaire Kervéguen et au sixième paquet sans qu'il vous accuse d'être un mouchard, ou tout au moins, de travailler à la désorganisation de la démocratie.

Nous savons aussi bien que M. Guéroult, que lorsqu'on reçoit de l'argent d'une puissance étrangère pour trahir son pays, on ne s'amuse point à donner quittance ; aussi nous garderons nous bien de lever ce lièvre, non plus que de rappeler les *excellentes* affaires patronées par M. Guéroult dans l'*Industrie*, ni même la sollicitude avec laquelle il a soutenu l'emprunt Autrichien dans l'*Opinion Nationale*.

Que M. Guéroult dorme donc sur les deux oreilles — chose assez difficile du reste — en attendant les élections, ce n'est pas nous qui le dérangerons.

CARNOT

M. Carnot est avant tout le fils de son père ; c'est sa raison d'être. Ancien membre de la Société de morale Chrétienne, ancien Saint-Simonien, ami du *National*, député de l'opposition modérée en 1839, et de plus avocat, il semblait désigné pour prendre une part quelconque à la Révolution de 1848.

Le Gouvernement provisoire lui confia en effet le portefeuille de l'instruction publique et des cultes, où il se distingua par l'introduction d'un catéchisme civil et de l'exercice du fusil dans l'enseignement. Enfin, les électeurs de Paris l'envoyèrent à l'Assemblée nationale.

En 1852, il refuse le serment au second empire et son

CARNOT.

Se drape avec beaucoup de dignité en dieu du Silence.

sa'on devient le rendez-vous des abstentionistes les plus décidés. Nous le voyons cependant en 1863 solliciter les suffrages des électeurs de la Seine et venir siéger sur les bancs de l'opposition.

M. Carnot a publié entre autres ouvrages : les *Mémoires de Grégoire*, les *Mémoires sur la vie de Carnot*, son père, une *Notice* sur Barrière, et un abrégé de l'*Histoire de la Révolution* pour la *Bibliothèque utile*, qui témoigne du modérantisme de son auteur, pour ne pas dire plus.

M. Carnot, se distingue à la Chambre par le silence de Conrart.

M. EUGÈNE PELLETAN

M. Pelletan est né l'année même de la bataille de Leipzig, c'est dire qu'il n'est point trop jeune pour un homme nouveau.

Vers 1836 ou 1837, il entra cependant à la *Presse* par l'entremise de George Sand, mais il n'y resta pas assez longtemps pour s'y faire remarquer.

Après avoir tenté de fonder un journal — *le* XIX*e siècle* — qui n'eut que quelques numéros, M. Pelletan rentra subrepticement à la *Presse*, où, sous le pseudonyme de l'*inconnu*, il attaqua vivement le parti républicain.

C'est un fait que je constate, ce n'est pas un reproche que j'adresse au député de la Seine. Je comprends qu'étant conservateur, on devienne démocrate; mais c'est le réciproque que je n'admets point.

En 1848, après avoir échoué dans une lutte électorale de la Charente contre M. Baroche, dont les électeurs croyaient sans doute le républicanisme plus foncé que le sien. M. Pelletan devint secrétaire de M. Lamartine, qui tenta, mais en vain, dit-on, de lui faire accepter une position aux affaires étrangères.

Enfin, après un troisième et court passage à la *Presse*, où il fit entrer M. de la Guéronnière, nous le voyons quitter

EUGÈNE PELLETAN.

Hasarde quelques observations avec douceur.

ce journal pour entrer au *Siècle*, d'où il partit, pour de graves dissentiments avec M. Havin, vers 1852.

En 1860-61, M. Pelletan collabore au *Courrier du dimanche*, qu'il fait condamner pour un article intitulé : « *La liberté comme en Autriche !* »

Opposé à la prestation de serment avant 1863, M. Pelletan a cru, à l'exemple de plusieurs de ses collègues, devoir changer d'avis à cette époque, et se présenter devant les électeurs de la neuvième circonscription.

Une chose surtout me gâte M. Pelletan, c'est son article sur Proudhon, dans lequel il devait, disait-il, lui arracher le masque avec la peau. Outre qu'il n'a rien arraché du tout, et s'est contenté de produire de vieilles rengaînes, dont Proudhon avait depuis longtemps fait justice ; on sent trop dans ces pages aussi amères qu'injustes, le fiel de l'orgueil blessé.

M. EMILE OLLIVIER

Encore un homme nouveau que M. Ollivier, « cette larve de février, comme on l'appelait naguère, qui s'agite avec des efforts si comiques pour éclore en mouche du coche impériale.

Fils et frère de démocrates, M. Ollivier ne date, en effet, que de 1848. Vers la fin de cette année, avocat imberbe, il défend les témoins de son frère Aristide qui venait d'être tué en duel.

Sa péroraison, très-remarquée, commençait ainsi :

« Pour nous, messieurs, pour nous qui sommes jeune et qui sommes pur.... »

M. E. Ollivier a quelque peu vieilli depuis.

Il y a peu de jours encore, il reprochait au Gouvernement son « entêtement dans l'indécision, » avec combien plus de raison cette phrase s'appliquerait au député juste milieu qui ménage si bien la chèvre-opposition et le chou-gouvernement.

EMILE OLLIVIER.

Finira peut-être par se poser.

Ne l'avons-nous pas entendu, du temps même des Cinq, faire l'éloge de Napoléon III, « ce héros légendaire, » comme il l'appelait alors, et peu de temps après, s'écrier avec l'accent d'un tribun :

« JE SUIS RÉPUBLICAIN. »

Candidat dans cinq départements. en 1863, M. Ollivier, tout le monde l'a remarqué, affecta, à partir de cette époque, de viser à la dictature de l'opposition. On sait comment il s'est séparé de la gauche, dont il se rapproche de temps à autre selon l'aire du vent.

Il convient de tout dire, le bien comme le mal : M. Emile Ollivier a été, pendant trois mois, suspendu de ses fonctions d'avocat pour avoir courageusement défendu M. Vacherot, l'auteur de la *Démocratie*. Cela suffira-t-il pour l'absoudre aux yeux des électeurs ?

M. ALFRED DARIMON

Cet économiste lilliputien doit sa fortune politique un peu à son.... habileté, beaucoup à Proudhon, dont il fit connaissance dans un restaurant à trente-deux sous de la rue Notre-Dame-des-Victoires, fort connu jadis de la démocratie.

En effet, c'est grâce à l'appui du grand penseur qu'il fut élu député, lui presque inconnu en 1857, et devint ainsi l'un des cinq.

Dans la question des banques, M. Darimon a montré qu'il avait sucé le lait des bonnes doctrines, et il a fait preuve en diverses occasions d'une grande aptitude financière. Aussi fut-il porté par la *Presse* comme candidat aux élections de 1863.

Hélas ! Comment en un plomb vil l'or pur s'est-il changé ? Alfred, l'espoir de la démocratie socialiste, s'écarte de la gauche lors de la loi sur les coalitions, en compagnie de M. Émile Ollivier, dont il a fait le discours, disent des gens bien informés.

M. DARIMON (a refusé son autorisation).

Se demande si cette lanterne n'est pas plutôt une tuile.

A partir de ce moment, Alfred jette son bonnet par-dessus les moulins, porte des culottes blanches aux bals officiels, se fait décorer, et finalement, devient si compromettant, qu'il se fait lâcher par M. Émile Ollivier lui-même, qui se contente de faire des quarts de conversion.

Quel est donc ce mystère? Dupuis prétend que tout ça c'est des histoires de femme.

C'est égal, on assure qu'Alfred ne sera pas élu, un autre Alfred se porte candidat contre lui, c'est Alfred Verlière, dit le torturé de Sainte-Pélagie. Il y a là un sujet de pièce : *Les deux Alfred* ou *l'Arène électorale*; les deux athlètes sont de taille à se mesurer, la lutte promet d'être intéressante.

M. ERNEST PICARD

Bizarre est la récente fortune politique de M. Picard. Élève et gendre de M. Liouville, l'ancien batonnier de l'ordre des avocats, possesseur d'une assez belle fortune, fort éloquent, Me Picard fut, par son intimité avec M. Chaix-d'Estange, sur le point d'entrer au parquet.

Nous le trouvons en 1857 à la tête des cinq députés de l'opposition. Durant cette campagne, M. Picard a fait preuve d'un réel talent à la fois très-agressif et très-honnête.

Son esprit d'à-propos, ses répliques à l'emporte-pièce ne sont un mystère pour personne, et M. Picard s'est, on peut le dire, élevé à une grande hauteur dans la revendication des franchises municipales de la ville de Paris.

Le talent de M. Picard semble cependant avoir suivi, depuis 1863, une marche rétrograde, tout ce beau feu s'est évanoui, au point qu'une méchante langue a osé dire du spirituel avocat :

« M. Picard, qui fut le premier des *Cinq* va devenir le dernier des dix-huit. »

Paris.—Imp. Turfin et Ad. Juvet, 9, cour des Miracles.

ERNEST PICARD.

Figaro a pris du ventre, mais ne s'est pas retiré des affaires.

www.ingramcontent.com/pod-product-compliance
Lightning Source LLC
Chambersburg PA
CBHW071419030726
47594CB00006B/2498